Gisela Keßler

Warum kann ich dich bloß nicht verstehen?

Wenn Gespräche in Sackgassen geraten

ERF-Verlag/Verlag Johannis

Die Reihe »Glaubens- und Lebenshilfe«
wird herausgegeben von Harald Petersen,
Leiter der Seelsorgeabteilung des
EVANGELIUMS-RUNDFUNKS
in Deutschland

Bildnachweis: S. 23: M. Ruckszio; S. 43: W. Rauch;
S. 63: Lahall/IFA-Bilderteam
Umschlag: Torsten Beuster

Die Deutsche Bibliothek – CIP-Einheitsaufnahme

Keßler, Gisela:
Warum ich dich nicht verstehen kann : wenn Gespräche in
Sackgassen geraten / Gisela Keßler. – Wetzlar : ERF-Verl.;
Lahr : Johannis 2002
(Johannis-Geschenktaschenbücher ; 7177 :
Reihe Glaubens- und Lebenshilfe)
ISBN 3-501-07177-9

Reihe Glaubens- und Lebenshilfe 07 177
Lektorat: Dr. Thomas Baumann

www.johannis-verlag.de
Umschlaggestaltung: Friedbert Baumann
Gesamtherstellung: St.-Johannis-Druckerei, Lahr/Schwarzwald
Printed in Germany 15029/2002

Inhalt

Vorwort

»Während die anderen noch wild durcheinander reden, trifft mich Utes Blick. Sie braucht gar nichts zu sagen. In ihrem Gesicht lese ich wie in einem Buch. Ja – die Erleichterung ist ihr anzusehen. Ich lache sie an. Wie gut – alles ist wieder in Ordnung.«

Es gibt Situationen, da sind Worte überflüssig. Einfach nur überflüssig. Da sehen Menschen sich an und verstehen.

So etwas hat mich lange Zeit fasziniert – mehr noch: Ich hatte keinen Zweifel daran, dass solche oder ähnliche »unsichtbaren Drähte« *das* untrügliche Kennzeichen einer wirklich echten Freundschaft sein müssten.

Komisch, ich kam damals tatsächlich nicht auf die Idee, Ute noch mal zu fragen, *was* sie denn wirklich gedacht hatte. Mir war ganz klar:

Natürlich das Gleiche wie ich!

Im Ernst – in diesem Fall stimmte es wohl wirklich. Denn die gibt es ja – diese Momente, in denen Worte fehl am Platz sind. Oft sind es Situationen großer emotionaler Dichte – bei übersprudelnder Freude oder auch bei intensivem Schmerz. Da haben Worte nichts zu suchen. Eine Umarmung, ein Kuss, ein stiller Händedruck sagen dann meist viel treffender und auch ehrlicher aus, was »gesagt« werden muss.

Aber im ganz normalen Alltag sind solche »Sternstunden« leider nicht so häufig! Im Gegenteil. Sich bei wichtigen Entscheidungen ausschließlich auf die Blicke des anderen zu verlassen – das kann schief gehen. Schon bei den ersten Worten merken zwei Menschen schnell, dass ein und dieselbe Situation sehr verschieden wahrgenommen und eingeschätzt werden kann:

Ich habe einen anstrengenden, wirklich stressigen Haushaltstag hinter mir. So gegen 17 Uhr setze ich mich endlich (das erste Mal für diesen Tag) mit einer Tasse Kaffee ins Wohnzimmer. Wenig später kommt mein Mann nach Hause, sieht, wie ich die Beine hochlege und an meinen Kaffee nippe. Er schaut mich an – unsere Blicke begegnen sich. »Na – du hast es ja heute gemütlich!« ist seine Begrüßung. Natürlich hat er (auch) recht. Trotzdem: Verstanden fühle ich mich jetzt nicht.

Jetzt nur nicht falsch reagieren ... Ich beginne zu erzählen, merke dabei, wie ich doch tatsächlich dem inneren Druck unterliege, mich für meine gemütliche Kaffeepause rechtfertigen zu müssen. Es ist mir wichtig, dass mein Mann weiß, dass ich sehr wohl gearbeitet habe. Und zwar eine ganze Menge ...

Doch, ich merke hinterher, dass es gut war, mir so einiges von der Seele zu reden. Zu schnell hätte sich sonst mein Gefühl eingenistet, dass mein Mann glaubt, ich hätte wohl immer nur Urlaub hier zu Hause. Das Gespräch hat mich entspannt. Und mir gezeigt, aus welch unterschiedlichen Bezugsrahmen eine Situation gesehen werden kann.

Schweigen ist wichtig. Reden auch. Aber jedes zu seiner Zeit.

Auf den folgenden Seiten möchte ich mir mit Ihnen Zeit nehmen, schwerpunktmäßig über das Reden, genauer gesagt über unsere Gesprächsfähigkeit nachzudenken. Über die Motive, Möglichkeiten und Grenzen, die Gesprächen innewohnen. Vor allem im Hinblick auf die Beziehungen, in denen wir leben.

Achten Sie beim Lesen besonders auf die Abschnitte, bei denen Ihnen Erinnerungen an eigene Gespräche kommen. An schöne und weniger schöne. Manche der Beispiele, die ich gewählt habe, sind so alltäglich, dass es nicht schwer ist, Analogien zu finden. Legen Sie da, wo Sie sich angesprochen fühlen, das Buch für einige Minuten weg, um sich »Ihre« Gesprächssituation noch mal zu vergegenwärtigen. Es gibt besonders in verfahrenen Gesprächssituationen nicht *die* (Pauschal)-Lösung. Aber möglicherweise helfen Ihnen die folgenden Seiten, Ihren eigenen Blickwinkel zu verändern. Dies ist wichtig, denn damit verändert sich gleichzeitig die Situation. Neue Wege, die vorher einfach nicht wahrgenommen werden konnten, tun sich auf – alte entpuppen sich als Sackgassen.

Es ist nicht leicht, eigene lang gehegte Überzeugungen und Einstellungen auf einmal zu hinterfragen. Also mit der Möglichkeit zu rechnen, dass auch eine andere Sicht ihre Berechtigung hat. Vor allem, wenn man darin ungeübt ist. Aber manchmal ist dies der einzige Weg, eine Beziehung zu retten. Wer wirklich eine Begegnung mit dem anderen wünscht, wird um diese »Arbeit« nicht herumkommen. In der Regel ist die Angst, als Verlierer zu enden, das größte Hindernis für eine wirklich gelungene Beziehung. Wo aber der Machtkampf von beiden Seiten aufgegeben wird, erleben frühere »Streithähne«, dass es ab diesem Zeitpunkt nur noch Sieger gibt.

Mit diesem »Fernziel« vor Augen möchte ich mich nun mit Ihnen auf die »Reise« zu Ihrem Gesprächspartner machen. Ich beginne sie mit den zwei Möglichkeiten, die uns zur Kontaktaufnahme zur Verfügung stehen, nämlich unserer Wortsprache und unserer Körpersprache.

Sich Mitteilen – Möglichkeiten und Grenzen

Es ist selbstverständlich, mit anderen Menschen durch Worte und Gesten in Kontakt zu treten, um auszudrücken, was wir denken und empfinden. Auch, um unserem Gegenüber zu zeigen, was für ein Mensch wir sind. Es ist so selbstverständlich, dass wir über die Art, wie wir das tun, oft gar nicht mehr nachdenken.

Leben ist Mitteilen

Unsere Sprache ist ein wichtiger Ausdruck unserer Identität. Sie ist fast so etwas wie eine Art Pass. An der Muttersprache halten Menschen in der Regel ein ganzes Leben lang fest. Diese Sprache wird nicht vergessen und auch nicht verlernt. Auch wenn sich so mancher Dialekt mit der Zeit ein wenig glättet. Schon während der ersten Worte, die ein Mensch spricht, kann ein anderer abschätzen, wo dieser Mensch vermutlich herkommt – es sei denn, es handelt sich um einen sehr geübten, beruflichen Sprecher oder Schauspieler. Mit der Muttersprache sind Emotionen und Erinnerungen sehr fest verknüpft, die uns selber oft gar nicht so bewusst sind.

Ich musste einmal sehr lachen, als ich entdeckte, dass ich immer dann, wenn ich mich besonders geärgert habe, in mein echtes hessisches »Platt« zurückfalle. Egal, ob die anderen mich dann verstehen oder nicht.

Sprache ist mehr, viel mehr, als nur eine Aneinanderreihung von Worten. Sie kann eine Menge von mir offenbaren. Und nicht immer nur das, was ich vielleicht mitteilen will.

Ein Mensch, der in einer Gesprächsrunde gerne ausgefallene Fachbegriffe benutzt, vielleicht dazu besonders leise oder auch besonders laut redet – mit wirkungsvollen Pausen oder auch schnell aufeinanderfolgenden Sätzen – erzielt nicht nur durch den Inhalt seines Beitrages Wirkung. Das *Was* einer Aussage kann durch das *Wie* einer Aussage manchmal völlig verdeckt werden.

Die Person, die redet, ist immer erheblich mitbeteiligt, auch wenn es um sogenannte »reine Informationen« geht.

Aber auch Menschen, die gar nichts reden, teilen mit ihrem Schweigen etwas mit. Vielleicht, dass sie jetzt in Ruhe gelassen werden wollen. Oder dass sie zuhören. Oder dass sie müde sind. Es ist nicht nur der aktiv, der gerade redet. Auch der scheinbar Passive gibt Signale – er redet auch – nur ohne Worte.

Neutrale Begegnungen, also Begegnungen, die ganz unvoreingenommen sind, die gibt es nicht. Selbst wenn Menschen zusammentreffen, die sich noch nie gesehen, geschweige denn, miteinander geredet haben. Innerhalb der ersten wenigen Minuten (Psychologen sprechen von max. 90 Sekunden) bildet sich unser Eindruck, den wir von einer Person haben. Dies geschieht ganz automatisch – auf Grund des Aussehens und auf Grund der körperlichen Signale, die jemand gibt.

Die Art zu gehen, sich zu bewegen, die Stimmlage, die Größe, das geschätzte Alter, das Geschlecht, das Gewicht, der vermutete Status, die Kleidung, die Wortwahl, die Gesichtsmimik – all das und noch viel mehr wird unsere Haltung einem anderen Menschen gegenüber wesentlich mitbestimmen.

Einer gleichaltrigen Frau begegne ich anders als einem Teenager. Und der einen Frau wieder ganz anders als der anderen.

Auch umgekehrt gilt: Jeder, der mir begegnet, wird mich ein wenig anders sehen.

Was verschiedene Menschen von einem anderen sehen, ist zwar objektiv dasselbe, unterschiedlich ist aber das, was jeder Einzelne mit dem, was er sieht, verbindet.

Körpersignale beachten

Körpersprache ist die Art und Weise, wie Menschen sich durch ihre Bewegungen ausdrücken. Sie gibt einige grundsätzliche Hinweise darauf, in welcher Verfassung ein Mensch gerade ist. Die »Gesetze« der Körpersprache gelten für alle Menschen, unabhängig von Aussehen, Alter, Geschlecht, Wohnort usw. Deshalb ist es möglich, sie zu übertragen, zumindest in ihrer Grundausprägung.

Mit einem Lächeln und einem zugewandten Gesicht wird keine Aggression verbunden. Schwieriger wird es, wenn dieser lächelnde Mensch sich durch entsprechende Bein- und Handbewegungen gleichzeitig von uns abwendet. Ist es »nur« ein Höflichkeitslächeln? Oder sogar ein überhebliches Lächeln? Oder ein Ausdruck von Zeitnot?

Die Bedeutung dieses Lächeln ist unklar, eindeutig durch die Körperhaltung dieses Menschen erkennbar ist aber die Spannung, in der er sich befindet. Das momentane Grundgefühl dieses Menschen ist eben der Konflikt zwischen Freundlich-Sein und dem gleichzeitigen Wunsch, zu gehen.

Körpersignale dürfen nie isoliert interpretiert werden, sondern nur in der Gesamtheit mit dem ganzen Körper.

Bis auf wenige Ausnahmen ist eine körperliche Zugewandtheit Signal für Nähe und die Bereitschaft, mich auf den anderen einzulassen. Im Unterschied dazu deuten Bewegungen, die vom anderen weg auf den eigenen Körper gerichtet sind, eher auf Abwehr hin. Wie schon oben erwähnt, ist es aber wichtig, die *ganze* Person im Blick zu haben und nicht von isolierten Körpersignalen auf eine Gesamtsituation zu schließen.

Unsere Körpersprache ist unsere primäre, unsere erste Sprache. Wir beherrschten sie schon, bevor wir die ersten Worte sprechen konnten. Also noch vor unserer Muttersprache. Mit ihr drückten wir unsere wichtigsten und elementarsten Bedürfnisse aus. Unseren Hunger nach Nahrung und unseren Hunger nach Liebe und Zuwendung.

Auch beim Erwachsenen ist der Zusammenhang zwischen dem Körper und den Bedürfnissen und Gefühlen eines Menschen noch sehr eng verknüpft. Dem Körper fällt es sehr schwer, zu lügen. Mit Worten kann ich etwas hinbiegen – vielleicht auch manipulieren. Mit meinem Körper wird mir das kaum gelingen. Er macht manchmal mit mir, was er will. Ich kann mich vor ihm nicht verstecken. Dies ist auch ein Grund dafür, dass der erste Eindruck, den wir von einem anderen Menschen haben, oft sogar in erstaunlich vielen Punkten zutrifft. Zumindest, was das Einschätzen der momentanen Situation betrifft.

Wenn Sie beginnen, auf Ihre Körpersignale zu achten, werden Sie vielleicht auch manche Erklärungen für das Verhalten anderer Menschen Ihnen gegenüber bekommen. Es hat sehr viel mit den eigenen Körpersignalen zu tun, ob jemand auf mich eher positiv oder negativ, eher distanziert oder nähesuchend reagiert.

Um einen kleinen Eindruck der eigenen Körpersignale zu erhalten, können Sie folgende Übung machen: Nehmen Sie eine beliebige, aber Ihnen gewohnte Körperhaltung im Sitzen ein. Versuchen Sie nun, die folgenden Fragen auf Ihre Haltung zu beziehen:

- *Wie viel Platz benötigen Sie? Die ganze Sitzfläche? Die Stuhl- oder Sesselkante?*
- *Wo befinden sich Ihre Hände?*
- *Welche Haltung nehmen die Handinnenflächen ein?*
- *Die Beine?*
- *Die Füße?*
- *Der Kopf?*
- *Wohin blicken Ihre Augen?*

Nachdem Sie sich selber sozusagen »vor Augen« haben, können Sie weiterfragen:

- *Was lösen Sie mit dieser Haltung Ihrem Empfinden nach bei anderen Menschen aus?*
- *Wie könnte Ihre Körperhaltung verändert werden, um gegenteilige Signale beim anderen auszulösen?*

Es ist uns nicht immer bewusst, welch große Rolle die Sprache des Körpers im zwischenmenschlichen Bereich spielt. Gerade in den ersten Minuten einer Begegnung kann es aber entscheidend sein, *wie* wir einem anderen Menschen entgegenkommen. Die eigene Offenheit – ausgedrückt durch einen zugewandten Körper und entspannte, lockere Bewegungen – kann auch im Gegenüber vieles entkrampfen.

Aber nicht immer ist man dazu in der Lage. Eine Verkrampfung, ein In-Sich-Zusammensinken oder auch ein Abwenden vom anderen kann uns auch unsere eigene oft unbewusste Einstellung zeigen. Zum Beispiel, ob wir uns überfordert fühlen oder tief drinnen die Situation ablehnen.

Sie können davon ausgehen, dass auch diese Signale das Gesprächsverhalten Ihres Gegenübers mitbestimmen – dass also möglicherweise ein Gespräch dann schleppender, unbefriedigter oder einfach schwieriger verläuft.

Der Ehemann möchte abends zu einem Freund noch ein Bier trinken gehen. »Aber natürlich, geh nur«, sagt die Frau, blickt dabei kurz auf die Uhr und lässt die Schultern resigniert fallen, während sie sich gleichzeitig mit einer kleinen Bewegung von ihrem Mann abwendet.

Ob ihr Mann dieses Signal wahrnimmt? Ich wünsche es ihm. Nicht unbedingt, um jetzt zu Hause zu bleiben. Aber vielleicht, um zu sagen: »Du, ich glaube, du hast dich auf einen gemeinsamen Abend mit mir gefreut. Fällt es dir sehr schwer, mich gehen zu lassen?«

Diese Frage trifft mitten in die Situation der Frau. Sie kann nun über diese »Brücke« gehen und ihrem Mann das sagen, was sie tatsächlich empfindet.

Unserem Körper fällt es schwer zu lügen. Wem Diskrepanzen zwischen den Worten und den Körperhaltungen eines Menschen auffallen, tut gut daran, der Sprache des Körpers zu glauben. Sie ist der Wahrheit am nächsten.

Eigene Wertmaßstäbe kennen

Nun ist aber die Körpersprache nicht die einzige Möglichkeit, einen Menschen einzuschätzen.

Uns steht neben dieser Möglichkeit noch eine andere zur Verfügung. Während aber das Deuten von Körpersignalen eine recht hohe »Trefferquote« hat, kann diese zweite Möglichkeit im Unterschied dazu sehr missverständlich sein. Ich möchte sie kurz erklären:

In meinem und in Ihrem Kopf befindet sich ein »Raster« oder – anders ausgedrückt – ein Werteschema, nach dem alle Eindrücke sortiert, gesammelt und gedeutet werden. Es hat sich auf Grund vieler Erfahrungen gebildet. Es ist abhängig von der Kultur, den Werten der jeweiligen Ursprungsfamilie und dem aktuellen Umfeld, in dem ein Mensch lebt. Es ist bei jedem Menschen sehr unterschiedlich – eben weil es zum großen Teil auf das zurückgreift, was jemand ganz individuell in seinen ersten Lebensjahren erlebt hat.

Immer, wenn Karin sich in der Schule melden wollte, kam ihr Sonja zuvor. Es war einfach zu ärgerlich. Sonja war noch nicht lange in der Klasse, zog aber alle Aufmerksamkeit auf sich. Eigentlich redete sie immer. Ob sie gerade dran war oder nicht. Mit lauter, etwas rauer Stimme verschaffte sie sich einfach überall Gehör. Bis heute – 20 Jahre später – findet Karin den Namen Sonja einfach nur schrecklich. Wenn sie eine »neue« Sonja kennen lernt, muss sie sehr aufpassen, keine falschen Schlüsse aus der Namensgleichheit zu ziehen. Auch sind ihr Frauen mit lauten, tieferen Stimmlagen grundsätzlich ziemlich unsympathisch.

Bevor ich mit einem Menschen rede, habe ich schon eine Menge Vorstellungen, eine mehr oder weniger festgefasste Meinung und unterliege oft der Gefahr, diese Erfahrungen in mein erstes Bild von einem anderen Menschen mit einfließen zu lassen.

Es ist wichtig, dies im Blick zu behalten. Deshalb fasse ich kurz zusammen:

Unser erster Eindruck wird unsere Haltung einem anderen gegenüber zunächst entscheidender mitbestimmen, als das, was wir miteinander reden. Dieser erste Eindruck bildet sich auf Grund der Körpersignale des anderen und auf Grund der Erfahrungen mit »Analogien« aus der Vergangenheit. Jedes Gespräch ist zunächst durch diese »Raster« beeinflusst. Dem Inhalt unserer ersten Worte geht also bereits eine umfassende Kommunikation voraus. Sprache ist zweitrangig.

Sprache als kulturelles Ausdrucksmittel

Weiterhin ist unser Gesprächsverhalten begrenzt von anatomischen Faktoren. Auch ohne ein Profi in Sachen Gehirnforschung zu sein, möchte ich die Unterschiedlichkeit von Denken und Reden zumindest kurz anreißen. Unsere Sprachfähigkeit entspricht einem anderen Hirnareal als unsere Denkfähigkeit. Die Übermittlung von Gedanken in Wortsymbole ist ein sehr komplexer Vorgang, der nicht bei jedem Menschen gleich abläuft. Nicht jeder, der viel redet, hat auch viele Gedanken zu sagen. Und wenn jemand schweigt, ist das noch lange kein Grund, an seiner Denkfähigkeit zu zweifeln. Das Sprichwort »Stille Wasser gründen tief« spricht dieses Dilemma an, das viele Menschen kennen: Gedanken nur schwer in Worte fassen zu können. Um aus Gedanken Worte zu machen, benötigt unser Gehirn umfassende Mechanismen. Störungen entstehen, wenn diese blockiert werden.

Welche Kunst dahinter steckt, mit unseren Worten wirklich das auszudrücken, was wir sagen wollen, haben Sie sicher auch schon erlebt:

Kennen sie das? Einem lieben Menschen einen Brief schreiben zu wollen, und – obwohl Sie sich gut kennen, doch ratlos vor dem Briefpapier zu sitzen und einfach nichts zustande zu bringen? Oder können Sie sich an eine Situation erinnern, in der Sie jemandem etwas Wichtiges mitteilen wollten – und während des Gespräches doch hilflos nach Worten ringen, obwohl Sie selbst für sich eigentlich glaubten zu wissen, was Sie sagen wollten?

Was dann aus der Feder fließt oder aus dem Mund zu hören ist, ist nicht immer das, mit dem wir zufrieden sind. Es ist tatsächlich schwierig! Und noch schwieriger, wenn es sich nicht um Gedanken, sondern um Gefühle handelt. Dabei kommen unsere Worte an eine Grenze.

Es ist mir wichtig, dies ganz deutlich zu sagen: Sprache ist begrenzt. Wir können auch mit gut gewählten Worten nicht alles erreichen und schon gar nicht alles Schwierige lösen.

Und trotzdem können Worte eine sehr große und nachhaltige Wirkung haben. Vor allem dann, wenn man ihre Begrenztheit nicht wahrhaben will. Je mehr Objektivität wir ihnen zugestehen, desto mehr Macht bekommen sie in unserem Leben. Sowohl positive als auch negative.

Die bekannte Dichterin Hilde Domin schreibt:

Lieber ein Messer als ein Wort,
ein Messer kann stumpf sein.

Ein Messer trifft oft
am Herzen vorbei.
Nicht das Wort.

Worte können eine Beziehung von einer Minute auf die andere verändern. Sie können innerhalb kürzester Zeit Wunden im Innersten eines Menschen reißen, die vielleicht nie mehr oder nur sehr schwer zuheilen. Auf eine negative Bemerkung müssen mindestens fünf positive Bemerkungen kommen, um eine Beziehung im Gleichgewicht zu erhalten.

Dieser negativen Macht möchte ich aber auch die positive Macht des Wortes gegenüberstellen. Zum Glück gibt es diese ja auch: Worte können Menschen aufrichten, trösten und neuen Mut in schwierigen Situationen schenken.

Beim Lesen der Bibel fällt mir auf, wie oft dort das Wort – in diesem Fall das Wort Gottes – gelobt wird:

»Ich sehne mich nach deinem Wort, denn es ist mir wertvoll.« (Psalm 119,48)

»Dein Wort ist wie ein Licht in der Nacht, das meinen Weg erleuchtet.« (Psalm 119,105)

Im Unterschied zu vielen menschlichen Worten sind diese Worte aber aus guten Erfahrungen heraus entstanden. Der Psalmsänger hat es tatsächlich erlebt: Derjenige, der hier um ein Wort gebeten wird, steht auch wirklich zu dem, was er sagt. Das gibt dem Gotteswort eine ganz eigene Kraft und Zuverlässigkeit.

In starkem Maße verunsichern können Gespräche, in denen mit der Macht der Worte sowohl in positiver als auch in negativer Weise gespielt wird. Gerade sehr enge Beziehungen zeigen, dass es ein und derselbe Mensch sein kann, dessen Worte uns gut tun oder auch verletzen können. Da ist jemand, der mir viel bedeutet, jemand, der mir auch schon Gutes getan hat, auf einmal in der Lage, etwas sehr Verletzendes und auch Gemeines zu sagen. Das kann schwer belasten. Manchmal erleben wir dies auch bei uns selbst. Und wir sind erschüttert, zweifeln an uns und resignieren.

Miteinander-Reden ist nicht einfach. Ganz sicher nicht.

Nun möchte ich Sie aber auf keinen Fall ermutigen, ab heute aus lauter Frustration vor der Schwierigkeit des Redens nur noch zu schweigen. Im Gegenteil: Ich wünsche und hoffe, Sie trotz des vorher Gesagten mit den folgenden Seiten ein bisschen von meiner Faszination für Sprache anzustecken. Damit Sie den Mut bekommen, den Gesprächsfaden auch bei festgefahrenen und schwierigen Gesprächspartnern wieder neu aufzunehmen.

Wir sind ja in vielerlei Hinsicht auf unsere Worte angewiesen. Wir brauchen sie. Denn auch unsere Körpersprache hat eine Grenze. Sie beginnt dort, wo jemand auf etwas hinweisen möchte, was nicht auf die momentane Situation bezogen ist. Mit unseren Worten können wir uns von dem gegenwärtigen Augenblick lösen. Wir können in die Vergangenheit schlüpfen, die Zukunft ausmalen, etwas Abstraktes erklären und uns in Phantasiewelten bewegen. Wir können etwas beschreiben, während unsere Hände einer ganz anderen Tätigkeit nachgehen und auf die Aussage eines anderen Menschen eingehen. Kurz gesagt: Worte heben uns aus unserer momentanen Situation heraus. Unserer Fähigkeit zu reden ist es zu verdanken, dass wir Kenntnis davon haben, was vor unserer Zeit passierte. Wir können Entwicklungen und Neuerungen festhalten und auf Vergangenem aufbauen. Ohne unsere Sprache wäre unsere Kultur nicht denkbar.

Auch in Beziehungen hat die Fähigkeit, sich mitzuteilen, eine hohe Bedeutung. In München wurden Paare, die heiraten wollten, durch Psychologen in ihrem Gesprächsverhalten geschult. Es war noch nach Jahren nachweisbar, dass diese Paare eine wesentlich niedrigere Scheidungsrate hatten, als die Vergleichsgruppe, die ein solches Training nicht gemacht hatte.

Beziehungen, die funktionieren und stabil bleiben, sind also Beziehungen, in denen über mehr Themen als über das Wetter oder über die Organisation des Alltags geredet wird.

Aber reicht das aus – sich einfach vorzunehmen, ständig miteinander im Gespräch zu bleiben?

Ob Reden wirklich immer hilft?

Diese Frage wird uns im folgenden Kapitel weiter beschäftigen. Vor allem im Hinblick auf die Erwartungen und auch Illusionen, die ein Gespräch begleiten. Sie können gerade bei Konflikten eine große Rolle spielen.

Sich im Gespräch verstehen – von der Illusion zur Chance

»... irgendwie habe ich den Eindruck, Sophie versteht überhaupt nicht, was ich meine.«

»... und dann habe ich mir überhaupt nichts Böses bei dieser Bemerkung gedacht, und plötzlich flippte Daniel dermaßen aus. Ich wusste absolut nicht, wie mir geschah.«

»Seit Jahren schon kommen wir in dieser einen Sache nicht weiter. Es ist, als ob sich unser Gespräch nur im Kreis dreht.«

Kommen Ihnen diese Sätze irgendwie bekannt vor?

Trotz gutem Willen und dem Bemühen, auch Schwieriges mutig anzusprechen, statt unter den Teppich zu kehren, sind Gespräche nicht immer von Erfolg »gekrönt«.

Nicht nur bei handfesten Auseinandersetzungen, wo vielleicht sogar damit gerechnet wird, dass die Kommunikation schwierig werden könnte, nein, selbst hinter alltäglichen Reibereien steckt oft viel Leid. Und Frustration. Und Hilflosigkeit.

Es gab eine Zeit, in der ich dachte, dass ein schwieriger Gesprächspartner mich immer besser verstehen würde, wenn ich nur genug Zeit hätte, ihm genau meinen Standpunkt zu erklären.

»Je mehr ich mit einem Menschen rede, desto besser wird er mich verstehen.«

Inzwischen erwische ich mich dabei, wie ich diesem Satz immer weniger glaube.

Warum? Vielleicht, weil ich gemerkt habe, dass Gespräche allein nicht ausreichen, um Verständnis füreinander zu gewinnen. Ich kenne sie ja auch gut genug: Diese Endlos-Gespräche, die uns kein bisschen näher zum anderen führen. Im Gegenteil – statt gegenseitigem Verstehen verhärten sich oft sogar die Fronten.

Aber was hilft dann?

Unterschiedlichkeit wahrnehmen

Ist die Erkenntnis, dass ich den anderen nicht verstehe – ja vielleicht sogar nicht verstehen kann – nicht vielmehr erst recht Resignation? Oder sogar das Ende jeder Beziehung?

Was brauche ich mich noch anzustrengen, wenn ich erst gar nicht damit rechnen kann, dass irgendwann der Satz »Ich verstehe dich« fällt?

Ich möchte es trotzdem mal so plakativ formulieren:

Gute Beziehungen leben nicht davon, dass man sich gegenseitig versteht. Gute Beziehungen halten Unterschiedlichkeit aus. Weil Ignorieren von Unterschiedlichkeit ein Beschneiden menschlicher Grundbedürfnisse ist.

»Du hast mich wunderbar und einzigartig gemacht«, so lobte schon vor vielen Jahren ein Psalmsänger seinen Schöpfergott. Es gehört zum elementaren Menschsein, sich von anderen unterscheiden zu wollen. Jeder will als der Mensch gesehen werden, der er ist.

Allerdings erschöpfen sich die menschlichen Bedürfnisse nicht in dem Wunsch nach Individualität. Mindestens gleichrangig ist ein anderes – ebenfalls von Gott in uns hineingelegtes Bedürfnis. Auf den ersten Blick scheint es geradezu ein Widerspruch zu dem erstgenannten zu sein: Es ist das Bedürfnis nach Hingabe, nach Zugehörigkeit, nach Geborgenheit – kurz gesagt – nach Heimat.

Beides – das Individuelle wie auch das Gemeinschaftliche gehört gleichermaßen zu uns. Wer sich selbst aufgibt, um nur noch Gemeinschaftszielen zu genügen, wird ebenso unerfüllt bleiben wie ein Mensch, der ausschließlich für eigene Ziele lebt. Erfülltes Leben besteht in der Kunst, beiden Bedürfnissen in einer guten Spannung zu entsprechen:

Selbstverwirklichung	–	Hingabe, Verständnis
Einzigartigkeit	–	Gemeinschaftssinn
Unverwechselbarkeit, Individualität	–	Zugehörigkeit

Unsere heutige Zeit ist stark geprägt von dem Gedanken der Individualität. Oft wird der Gemeinschaftssinn der Verwirklichung der eigenen Person geopfert. Der Preis für eine zu ausgeprägte Individualisierung ist aber die Einsamkeit. Je spezifischer sich ein Mensch entwickeln kann, desto weniger gemeinsame Gesprächsebenen werden möglich. Man trifft sich, hat sich aber nichts zu sagen. Begegnung findet nicht mehr statt.

Wir wissen aus unserer Vergangenheit aber auch um die Gefahren des Menschen, der sich nur noch nach der Masse richtet. Keine Meinung zu haben, alles dem zu opfern, was »von oben gesagt wird« ist ebenfalls gefährlich. Diese Menschen sind manipulierbar. Wer sich selbst nicht mehr wahrnimmt, verliert auch die Verantwortung für sein Leben und wird fähig, skrupellos zu handeln, nur weil die anderen dies auch tun.

Leben in der Spannung zwischen Einzigartigkeit und Hingabe beinhaltet, die Gefahren der jeweiligen Übersteigerung im Blick zu behalten. Und damit zu rechnen, dass jedes Leben ein gewisses Maß an Einsamkeit oder auch an Selbstaufgabe erfordert.

Dies ist etwas anderes als die auch oft praktizierte (Schein)lösung: »Ich will alles haben! Ich will mich voll und ganz verwirklichen, aber auch auf eine tolle tragende Gemeinschaft nicht verzichten.« Dass im wirklichen Leben eben nicht immer alle Bedürfnisse in jeder Extremform erfüllt werden können, das ist bei diesem Lebensmotto spätestens in der Lebensmitte eine prägende Erfahrung. Die Spannung, die direkt an den entgegengesetzten Extremen ohnehin am größten ist, droht Menschen zu zerreißen.

Ich finde es sehr entlastend und befreiend, zu wissen, dass wir nicht alle Bedürfnisse im optimalen Rahmen leben müssen. Wir dürfen uns darauf verlassen, dass Gott unsere Mängel ausfüllen wird.

Auch das ganz normale, weder extrem individuelle noch besonders gemeinschaftliche Leben, ist oft schon spannend genug. Um diese Spannung zu lockern, benutzen wir oft andere Menschen – in der Art und Weise, wie wir mit ihnen reden.

Es gibt viele Gespräche, die nur deshalb geführt werden, um der ganz normalen und auch wichtigen Einsamkeit zu entgehen. Weil wir nicht alleine sein wollen, passen wir uns an und verleugnen damit uns selbst.

Anne Morrow Lindbergh, die Frau des bekannten Ozeanfliegers Charles Lindbergh, schrieb schon vor über 30 Jahren in ihrem Buch »Muscheln in meiner Hand«:

»Wir scheinen heute solche Angst vor dem Alleinsein zu haben, dass wir es nie dazu kommen lassen. Selbst wenn die Familie, die Freunde, nicht da sind, bleiben

uns immer noch das Radio und das Fernsehen, um die Leere zu füllen.

Und dennoch, ist es einmal geschehen, entdecke ich in der Einsamkeit etwas unglaublich Kostbares.«

Wer immer der Einsamkeit ausweicht, weicht immer auch seiner Einzigartigkeit aus.

Oft sind es die Frauen, die eine besondere Begabung darin haben, Unterschiede nicht wahrnehmen zu wollen. Sie dem Gemeinsinn zu opfern. Vielleicht, weil die meisten Frauen auch von Frauen aufgezogen wurden, also schon von Geburt an Gleichheit als das gewohnte und normale Lebensprinzip kennen lernten.

»Das meinst du doch auch ...«

»Das kann ich unheimlich gut verstehen ...«

»Mir geht das ganz genauso ...«

Solche oder ähnliche Redewendungen fallen häufig in Gesprächen zwischen Frauen. Themen, in denen die Freundin oder die Bekannte eine ganz andere Meinung vertritt, werden höflich ausgespart. Es könnte ja sein, dass es dann ungemütlich wird. »Frau« ist erleichtert und fühlt sich bestätigt durch eine andere, die offensichtlich so ähnlich denkt.

Yvonne hat bei ihrer Freundin Sabine noch nie das Thema Berufstätigkeit angeschnitten. Sabine ist nämlich eine begeisterte Hausfrau. So richtig mit Leib und Seele. Die beiden reden stundenlang über ihre Lieblingsmusik, über die Kinder, über ihre Männer, aber was Yvonne konkret an ihrer Arbeitsstelle zu tun hat, erfährt Sabine nicht. Sie hat auch noch nie danach gefragt.

Und doch: Gott ist es ja, der jeden Menschen einzigartig, unverwechselbar geschaffen hat – als Ausdruck und Spiegelbild seiner eigenen Vielschichtigkeit. Wir brauchen nicht alles genauso zu empfinden wie die

Freundin oder die Nachbarin. Wir müssen nicht alles verstehen und uns darf es manchmal auch ganz anders gehen. Auch mit unserem Anderssein loben wir Gott.

Wenn Gott gewollt hätte, dass wir Menschen uns immer verstehen können, hätte er darauf verzichtet, jedem Menschen seine »eigene Welt« zu schenken. Er hätte Marionetten anstelle unterschiedlicher Menschen geschaffen. Vorausberechenbar, überschaubar und planbar.

Jeder hätte jeden einschätzen und verstehen können.

Versuchen Sie mal, sich das wirklich vorzustellen: Alle Menschen, mit denen Sie zu tun haben, wären genauso wie Sie! Würden so denken wie Sie, hätten die gleichen Wünsche, die gleichen Probleme, die gleichen Lösungen ...

Mich lässt dieses Bild frieren. Ich möchte lernen, im anderen auch das mir Fremde wahrzunehmen. Und nicht immer nur nach mir selber zu suchen. Ich möchte mich freuen, wenn mir jemand die Äußerung zumutet: »Das geht mir ganz anders. Ich verstehe dich nicht.« Und ich möchte mich noch mehr freuen, wenn es mir dann gelingt, mich nicht zurückzuziehen, sondern z. B. zu sagen: »Das überrascht mich jetzt. Ich habe damit gar nicht gerechnet. Ob du mir erklären kannst, wie du denkst? Ich finde das sehr wichtig für mich!«

»Du bist so anders.« Hören wir diesen Satz doch einmal ohne Trauer. Ohne Ärger und ohne Resignation. Es ist möglich, in diese vier Worte auch ganz anderes hineinzulegen. Vielleicht:

Ich bin gespannt auf dich.
Du bereicherst mich.
Ich möchte dich *kennen lernen.*
Du machst mich neugierig.
Ich kann vielleicht etwas von dir lernen.

Gut ist es, wenn das Bewusstsein, unserer Andersartigkeit und damit letztlich auch der Unmöglichkeit, den anderen wirklich zu verstehen, mich bei jedem Gespräch das ich führe, begleitet. Von Anfang bis Ende. So, dass ich wirklich damit rechne: Derjenige, mit dem ich jetzt rede, ist mir in vielerlei Hinsicht fremd und überraschend. Er oder sie denkt anders. Erlebt anders. Fühlt anders. Setzt andere Schwerpunkte. Hat andere Ängste. Hat andere Prioritäten und Werte. Und ganz andere Vorstellungen von Beziehung als ich.

Ich und Du. Wir beide sind verschieden.

Offenheit riskieren

Je offener und angstfreier Beziehungen werden, desto stärker werden auch die Unterschiede hervortreten dürfen.

Vielleicht denken Sie jetzt: Ach darauf läuft es hinaus! Ist doch ganz klar, Offenheit ist wichtig. Das hört man doch überall!

Es stimmt: Der Appell, Offenheit zugunsten gelingender Beziehungen zu wagen, ist nicht unbekannt. Er erscheint so selbstverständlich. Vermutlich gehört Offenheit zu den am meisten gewünschten Gesprächszielen. Aber ob vor allem »frau« sich immer bewusst ist, was es mit dieser viel gepriesenen Offenheit so auf sich hat?

Interessanterweise sind es ja meistens Frauen, denen eine Menge daran liegt, vor allem mit dem Partner ganz offen zu reden.

Offenheit hat aber sehr viel mit Mut und Risikobereitschaft zu tun. Dieser Gedanke ist weniger bekannt.

Deshalb sollte vor allem »frau« bei dem Versuch, wirklich ehrlich und offen miteinander umzugehen, auch Konfliktfähigkeit mitbringen. Es ist gut, in »offenen Beziehungen« mit Überraschungen zu rechnen.

Es kann viel bequemer sein, die wirklichen Gefühle voreinander zu verstecken.

Ein Beispiel dazu aus meiner eigenen Ehe:

Eingeladen von einer Partnergemeinde, verbrachte mein Mann zwei Wochen in Afrika. Nicht im Hotel, sondern so richtig auf dem Dorf. Ohne jeglichen Komfort.

Als ich ihn – nach diesen zwei Wochen – am Flughafen wieder abholte, war er noch völlig beeindruckt von all dem, was er erlebt hatte. Mein Alltag hingegen war weniger abwechslungsreich gewesen und ich gebe zu, dass ich mir auch mehrmals Sorgen um ihn gemacht hatte. Zum Beispiel bei der Vorstellung abenteuerlicher Ausflüge in schrottreifen, überfüllten Autos oder bei dem Gedanken, er könne sich den Magen vom ungewohnten Essen verdorben haben.

Deshalb war ich sehr froh, ihn wieder so gesund vor mir zu haben und fragte ziemlich bald, ob er sich denn auch so nach mir gesehnt hätte wie ich mich nach ihm.

Ehrlich antwortete er mir, dass er überhaupt keine Sehnsucht gehabt hätte und dass die Zeit so spannend gewesen sei, dass er gar nicht viel an mich gedacht hätte.

Nun ja – mein Mann hatte Offenheit praktiziert!

Und ich? Ich habe doch erst mal geschluckt, weil ich merkte, dass ich so meine ganz bestimmten Vorstellungen von Offenheit hatte, die jetzt offensichtlich gar nicht mehr passten. Da stand nicht der Idealmärchenprinz vor mir, der vor Sehnsucht nichts anderes als mich im Blick gehabt hatte, sondern ein ganz echter Mann, der in diesen beiden vergangenen Wochen völlig andere Erfahrungen gemacht hatte als ich. Und der zum Glück den Mut hatte, mir meine ungesunde Illusion zu nehmen, um mich mit mir selbst zu konfrontieren.

An Illusionen scheitern die meisten Beziehungen. Und damit meine ich nicht nur die Beziehungen zwischen Ehepartnern, sondern auch die Beziehungen zwischen Eltern und Kindern. Die Beziehungen zwischen den Generationen und die Beziehungen zwischen Parteien.

Ich möchte nicht pauschalisieren, aber ich erlebe es so: Vor allem Frauen lieben Illusionen. Ihr Wunsch nach größerer Offenheit ist in Wirklichkeit oft der Wunsch nach größerer Nähe, nach tiefer Gemeinsamkeit. Wenn Frauen Offenheit sagen, meinen sie meistens Nähe.

Möglicherweise sind aber auch nur die Strategien von Männern und Frauen sehr unterschiedlich. Wenn Männer Unterschiede (scheinbar?) kompromissloser sehen können, bedeutet dies sicher noch lange nicht, dass Männer deswegen auch weniger darunter leiden.

Nähe und Gemeinsamkeit auf emotionaler Ebene ist nicht so ohne weiteres machbar. Ich glaube, dass es etwas ist, das ein Gespräch nicht allein leisten kann. Es ist etwas, das ich erleben kann als einen Moment des Glücks. Wenn mein Partner mir genau das sagt, was ich in diesem Moment tatsächlich brauche, ist es ein Geschenk. Etwas, das also nie eingefordert werden kann. Auch nicht nach einer Unzahl von Gesprächen.

Menschen, die offen sind, gehen ein Risiko ein. Manchmal bezahlen sie sogar für ihre Offenheit. Oft mit dem Verlust des bisschen emotionaler Nähe, das die Beziehung vielleicht noch zu bieten hatte. Konflikte lassen sich durch mehr Offenheit nicht umgehen. Im Gegenteil: Viele Unterschiede werden durch gegenseitige Offenheit erst an die Oberfläche kommen. Deshalb ist Offenheit ohne Toleranz und Konfliktbereitschaft nicht denkbar. Und uneingeschränkte Offenheit ist sicher auch nicht in jeder Beziehung dran. In starken Abhängigkeitsbeziehungen sollte ich vielleicht vorsichtig abwägen, welches Maß an Offenheit eine solche Beziehung vertragen kann, z. B. in Konstellationen wie Chef – Arbeitnehmer oder Lehrer – Schüler. Vielleicht muss ich dort in sehr kleinen Schritten beginnen.

Ich möchte insgesamt aber daran festhalten, dass dieses Risiko sich lohnt. Vor allem in sehr nahen Beziehungen. In Freundschaften, die mir viel bedeuten. Es ist nämlich etwas anderes, ob ich an einer Illusion oder an einem echten Menschen festhalte. Illusionen entstehen nicht in einer Beziehung. Sie sind meistens schon da, bevor die Beziehung begonnen wurde. Sie sind das Produkt eigener Bedürfnisse, Wünsche und Träume, die jemand auf Grund seiner Defizite hat. Für gelingende Beziehungen sind sie ein großes Hindernis, denn sie reduzieren einen Menschen auf das, was ein anderer in ihm sehen möchte. Das Wesentliche und Überraschende einer Person nehmen sie nicht wahr.

Wenn Sie wirklich zu einer Begegnung mit einem Gegenüber kommen wollen, muss Raum für Unvorhersehbares, Dynamisches, Überraschendes und Lebendiges sein. Wo das möglich ist, ist ein Gespräch gelungen – auch wenn es vielleicht nicht nur in Harmonie ausgetragen wurde.

- *Wie geht es Ihnen dabei?*
- *Sind Sie bereit, sich auf diese breite Palette von Möglichkeiten einzulassen?*
- *Wie finden Sie es, wenn Sie nicht so recht wissen, auf was Sie sich jetzt einstellen sollen?*
- *Ist es Ihnen lieber, wenn alles so einen überschaubaren Rahmen hat?*
- *Wenn Sie ungefähr einkalkulieren können, wo es hinläuft?*

Ich gebe zu, dass auch ich ein Typ bin, der vieles gerne »im Griff« hat. Dass es mir manchmal schwer fällt, aus meiner einseitigen Fixierung herauszukommen. Denn damit lebt es sich ja tatsächlich auf den ersten Blick einfacher.

Polaritäten aufbrechen

Die gängigste Art, ein schwieriges Gespräch »im Griff« zu behalten, bezeichnet der Kommunikationsforscher Paul Watzlawick als »Nullsummenspiel«. Es ist identisch mit dem Sieger-Verlierer-Spiel.

Kennen Sie das?

Es gibt kaum einen Menschen, der dieses Spiel nicht schon einmal gespielt hat!

Es bedeutet so ungefähr Folgendes: Das, was der eine verliert, stellt den Gewinn des anderen dar. Gewinn und Verlust betragen also zusammengerechnet immer Null.

Auf Konfliktsituationen bezogen heißt das: Es gibt nur zwei Möglichkeiten – entweder du hast Recht oder ich. Am Ende eines Nullsummenspiels steht immer ein Gewinner und ein Verlierer. Ein Drittes gibt es nicht.

Nullsummenspieler haben ein eingeschränktes Blickfeld. Das Verhalten meines Gegenübers lässt in der Regel nur zwei Möglichkeiten zu:
Gut oder schlecht.
Richtig oder falsch.
Harmlos oder schlimm.
Möglich oder unmöglich.

Die Vorstellung, selbst anders zu denken oder eigene Zielvorstellungen zu korrigieren, bedeutet bei diesem Denkmuster, die abgelehnte Position zu übernehmen. Weil es eben nur zwei Möglichkeiten gibt. Das Leben reduziert sich auf ein starres Schwarz-Weiß-Denken.

Wenn ich ehrlich über manche Erfahrungen auch mit anderen Christen und Christinnen nachdenke, ist dies vielleicht eine der wundesten Stellen unseres gelebten Christseins. Wie oft wird auch der Wille Gottes für uns als eine Botschaft interpretiert, die nur ein Richtig oder Falsch zulässt. Gott als streng kontrollierender Wächter über meinen Lebensweg – ein Bild, das wenig Weite für verantwortliches Handeln zulässt, aber dennoch tief in vielen Köpfen steckt. Ich erlebe häufig auf meinem Schreibtisch die Verzweiflung und die Unsicherheit vor allem junger Menschen bei der Frage, ob dies, was sie tun oder tun möchten, denn auch der Wille Gottes sei. Was ist richtig, was ist falsch – das ist eine der zentralen Fragen. Und wenn Gott schweigt, wenn er sich nicht so eindeutig äußert, wie jemand sich das wünscht, wird Schweigen in der Regel als Strafe erlebt. Gott gibt aber oft mehr Freiheit, als ich es mir selbst zugestehen möchte. Möglicherweise kann sein Schweigen gerade darauf hinweisen, dass er einem Menschen zutraut, seine Entscheidung zu treffen. Manchmal ist dies eine größere Freiheit, als mir lieb ist, zumindest, solange ich meinen Glauben als Ersatz für Verantwortung und eigenes Denken verstanden habe ...

Ist Ihnen das schon mal aufgefallen? Auch die Gespräche Jesu mit den Gesetzeslehrern seiner Zeit geben dem überraschten Leser immer wieder Einblicke in »Lösungen«, die jenseits von Polarisierungen liegen:

Eine Ehebrecherin wird bei frischer Tat ertappt. Die Schriftgelehrten und Pharisäer bringen die verängstigte Frau zu Jesus und konfrontieren ihn mit der Frage: »Wenn wir das Gesetz des Mose befolgen, müssen wir sie steinigen. Was meinst du dazu?« Jesus lässt sich Zeit mit der Antwort – bückt sich und schreibt mit dem Finger in die Erde. Erst nachdem sie hartnäckig eine Erklärung verlangen, richtet er sich auf und sagt: »Nun, dann steinigt sie. Aber den ersten Stein soll der werfen, der selbst noch nie gesündigt hat.«

Wichtig ist Jesus nicht nur die Klärung einer gesetzlich dokumentierten Schuld. Indem Jesus eine dritte Möglichkeit, eine Möglichkeit jenseits der Kategorien »richtig« oder »falsch« zur Sprache bringt, rückt er die Wahrheit über jeden Menschen wieder ins Licht. Betroffen und schweigsam ziehen sich die Ankläger zurück.

Diese biblische Begebenheit basierte auf einem tatsächlichen Gesetzesverstoß. Was die Schriftgelehrten und Pharisäer über diese Frau aussagten, war ja nicht falsch. Sie hatte ja tatsächlich die Ehe gebrochen. Und trotzdem war ihre Frage unangemessen. Letztendlich sollte sie ja auch als Fallstrick für Jesus dienen. Jesus benutzt diese Fangfrage aber, um die Ebene des Gespräches zu verändern.

Zurück zu unseren Alltagssituationen. Wir haben schon im ganz normalen Miteinander immer wieder Schwierigkeiten, uns aus der Polarisierung unseres Denkens zu befreien.

Gut oder schlecht, richtig oder falsch – das sind Beschreibungen, die wenig Spielraum lassen. Vielleicht sind sie deshalb auch so beliebt. Die Welt wird eben klar unterteilt.

Der Satz: »Du bist anders«, ist eben unklarer als der Satz: »Du bist schwierig.« Ich muss nachfragen: »Wie meinst du das? Erkläre mir genau, wo ich anders bin!« Und das braucht Zeit.

»Anders« – das lässt viele verschiedene Deutungen zu. Positive wie negative. Der Beziehungsspielraum weitet sich enorm.

Gleiches Verhalten kann ganz unterschiedlich »rüberkommen«, wie folgende Tabelle zeigt:

stur	*oder*	*beständig*
egoistisch	*oder*	*sich selbst wertschätzend*
kontrollierend	*oder*	*Anteil nehmend*
überfordernd	*oder*	*Freiheit gewährend*
einmischend	*oder*	*helfend*
nervig	*oder*	*laut und fröhlich*
kontaktscheu	*oder*	*selbstgenügsam*
erdrückend	*oder*	*behütend*

Können Sie sich an Ihre letzte Konfliktsituation erinnern? Versuchen Sie einfach, sich nochmals ins Gedächtnis zu rufen, was Sie damals am anderen so sehr gestört hat. Vielleicht haben Sie die für Sie schwierige Eigenschaft Ihres Gesprächspartners bereits in dieser Liste auf der linken Seite gefunden. Gelingt es Ihnen – in einem zweiten Schritt – diese auch positiv auszudrücken?

Möglicherweise erlebt Ihr Konfliktpartner sich selber eher so, wie ich es auf der rechten Seite aufgelistet habe. Auch wenn dies Ihnen kaum vorstellbar erscheint. Für Menschen mit vielen schwierigen Beziehungen kann diese Einsicht enorm hilfreich sein:

Der Mensch, der mich schon so lange nicht mehr besucht hat, ist auf einmal nicht mehr derjenige, auf den man sich nicht verlassen kann – sondern einer, der mir zutraut, dass ich auch alleine klarkomme.

Und die, die mich gestern nicht gegrüßt hat, verwandelt sich von der arroganten Ziege zu einer Frau, die schüchtern und verletzlich ist. Oder ist es eher eine Frau, die – weil sie einem bestimmten Gedanken nachhängt – ihre Umwelt einfach nicht wahrnimmt?

Rechnen Sie mit vielen Möglichkeiten. Nicht nur mit derjenigen, die sich spontan bei Ihnen einstellt. Schwarz und Weiß – das gibt es nur in einem schlechten Film. Das wirkliche Leben ist bunt.

Unser Leben lässt eine Menge Deutungen zu.

Ich möchte Ihnen nun an einem Beispiel zeigen, wie unterschiedlich ein und dieselbe Situation ankommen kann. Wie Sie gleich lesen werden, kann sogar manchmal eine durchaus positive Bemerkung ganz unbeabsichtigt zu einem Problem werden. Wie bei Lena und Anna:

Lena ist Martinas 15-jährige Tochter. Als Martina am Mittwoch etwas gestresst vom Einkaufen zurückkommt, sieht sie, dass Lena bereits das Essen für beide vorbereitet hat. Diese Situation ist zur Zeit eher ungewöhnlich. Fröhlich überrascht sagt Martina: »Du, das hätte ich ja gar nicht für möglich gehalten, dass ich mich jetzt gleich an den Tisch setzen kann!« Anstatt sich über das Lob zu freuen, entgegnet Lena: »Ich weiß, dass du mir nie etwas zutraust!«

Puh, das sitzt. Dieses Lob kam ganz und gar nicht an!

Die eine hat sich gar nichts Böses gedacht, die andere umso mehr. Ob das Problem hier wirklich nur der gedeckte Tisch war? Oder ist dieser Konflikt nur ein vorgeschobener Konflikt, der auf ein ganz anderes, viel tieferes Problem Lenas ihrer Mutter gegenüber hinweist?

Nicht nur Lena – wir alle erleben die Wirklichkeit entsprechend unseren Erfahrungen, (Wunsch)Bildern, Vorstellungen und auch Illusionen, die wir von Wirklichkeit im Kopf haben. Es gibt keine Erlebnisse an sich, die uns prägen – sondern nur das, was wir aus ihnen machen.

Ein Satz übrigens, der mir sehr wichtig geworden ist.

An meinem nächsten Beispiel wird er an einer völlig anderen Situation deutlich:

Erster Tag im Jugendzeltlager. Der Jugendleiter sagt

zu den 10-jährigen Jungs: »Heute müsst ihr aber mal früh ins Bett.« Sebastian, der zu Hause immer schon um 8 Uhr schlafen gehen muss, mault sofort. Glücklicherweise fragt er aber dann: »Um wie viel Uhr müssen wir schlafen?« – »Na ja, am ersten Abend soll es nicht so spät werden. Ich denke, so gegen 21.30 Uhr müsste einigermaßen Ruhe herrschen.« Die Erleichterung ist Sebastian anzusehen.

Früh – das bedeutete für beide etwas völlig anderes. Als dies geklärt war, wurde deutlich, dass beide im Grunde das Gleiche wollten.

Um sich zu begegnen, ist es in diesem Beispiel nicht notwendig, eigene Vorstellungen, Erwartungen, Ideale oder auch Illusionen zu hinterfragen – wie es in den Seiten vorher der Fall war.

Der Konflikt zwischen Sebastian und dem Jugendleiter ist vor allem ein Konflikt der Sprache. Nicht der Unterschied an sich spielt hier eine Rolle, sondern die unterschiedliche Deutung von ganz konkreten Worten. Konflikte dieser Art kommen zu den bereits genannten Konflikten ebenfalls sehr häufig vor, wenn etwas zwischen zwei Menschen »nicht stimmt«. Deshalb möchte ich im nächsten Kapitel zunächst darauf noch etwas genauer eingehen.

Missverständnisse klären – Konflikte benennen

Die Klärung, ob ein Konflikt einer tatsächlichen Meinungsverschiedenheit oder einem Missverständnis zugrunde liegt, ist sehr wichtig. Oft »tarnen« sich Missverständnisse als gegensätzliche Meinungen, entlarven sich bei einer genaueren Klärung aber als Übereinstimmungen.

Missverständnisse geschehen auf Grund vielfältiger Möglichkeiten, einen Satz zu deuten. Sie lassen sich gut durch klärende Gespräche lösen.

Meinungsverschiedenheiten beruhen nicht auf unterschiedlichem Wortverständnis, sondern auf unterschiedlichen Positionen. Sie können nicht immer allein durch Gespräche gelöst werden, weil auch der Konflikt außerhalb der Sprache liegt.

Der Satz: »Ich verstehe dich nicht – wie hast du das gemeint?« kann ein Missverständnis klären – eine Meinungsverschiedenheit jedoch niemals. Oft versteht man dabei nämlich sogar allzu gut, was der oder die andere meint. Es ist eben nur nicht die eigene Position.

Martin und Susanne haben eine 10-jährige Tochter. Susanne möchte Janina unbedingt beim anstehenden Schulwechsel am Gymnasium anmelden. Martin hingegen ist starker Verfechter der Lösung Realschule.

Dies ist kein Verständigungsproblem und wird – wie oben bereits gesagt – nicht dadurch gelöst, dass man immer wieder darüber redet. Und doch behandeln viele Menschen Meinungsverschiedenheiten häufig wie Missverständnisse. Die Folge dieser Verwechslung ist das, was sich in den Erfahrungen und dem Frust vieler Menschen tagtäglich widerspiegelt: In dem Bedürfnis, die eigene Ansicht so plausibel wie möglich zu vermitteln, drehen Gespräche sich im Kreis. Es werden auf Dauer ständig stärkere Argumente gesucht und nicht selten eskalieren diese Gespräche zu einem handfesten Streit.

Wie derartige Konflikte gelöst werden können, ist abhängig von der Lern- und Veränderungsbereitschaft beider Partner. Es gibt dabei nicht *die* Lösung. Aber es gibt Kriterien, nach denen gute Lösungen sinnvoll erarbeitet werden können. Mehr dazu später.

Missverständnisse klären mit Hilfe des Nachrichtenquadrats

Weil vermutlich mehr als die Hälfte – manche Berater sprechen von zwei Drittel – aller Konflikte auf Missverständnissen beruhen, möchte ich darauf noch etwas genauer eingehen. Ich beziehe mich dabei auf die Bücher »Miteinander reden« von Friedemann Schulz von Thun. Er stellt darin auf eine verständliche Art und Weise ein Modell vor, das er das »Nachrichten-Quadrat« nennt.

Wie schon der Name »Nachrichtenquadrat« besagt, unterteilt er die Deutungsmöglichkeiten einer Aussage in vier verschiedene Kategorien. Jede Aussage, die jemand macht, kann einer Sach-, Appell- Beziehungs- und Selbstoffenbarungsebene zugeordnet werden.

Dies hört sich nur auf den ersten Blick etwas kompliziert an. Ein kurzes Beispiel macht schnell klar, dass diese Strukturierung sehr hilfreich sein kann. Deshalb habe ich im Folgenden auch keinen offenen Konflikt, sondern ganz bewusst einen kurzen, alltäglichen Wortwechsel gewählt. Denn gerade das eher Banale ist ja auch das Unberechenbare. Auf einen Konflikt, den ich vorhersehen kann, kann ich mich vorbereiten. Aber da, wo ich überhaupt nicht mit Schwierigkeiten rechne, bin ich ihnen verstärkt ausgeliefert. Darauf »falle ich herein«. Also:

Karina möchte Sabine spontan zu einem Stadtbummel abholen.

»Ich habe noch zu tun«, sagt Sabine, als Karina in der Tür steht.

Eigentlich eine wirklich unbedeutende Situation. Gar nichts Besonderes. Trotzdem kann dieser kleine Satz *»Ich habe noch zu tun«* zur Grundlage eines handfesten Streites werden. Ganz unbeabsichtigt. Wie ist das möglich?

Ich versuche einmal, mir die ganze Bandbreite dessen, was Sabine damit gemeint haben könnte, vorzustellen:

- *»Ich habe noch etwas zu erledigen.«*
- *»Wie du siehst, bin ich ein sehr vielbeschäftigter Mensch.«*
- *»Lass mich in Ruhe. Ständig willst du mir irgendwelche tollen Läden zeigen.«*
- *»Wenn du mir helfen würdest, könnte ich ja vielleicht bald mitkommen.«*
- *»Während du immer nur an dein Vergnügen denkst, arbeite ich.«*
- *»Wie schade, dass ich noch nicht fertig bin.«*
- *»Bei meiner großen Familie kann ich wirklich nicht noch ›bummeln‹ gehen ...«*

Was hat Karina gehört? Und was hat Sabine wirklich gemeint?

Alle diese »Spekulationen« über Sabines mögliche Botschaften lassen sich, wie folgt, den vier oben genannten Aussageebenen zuordnen:

Sachebene

Ich habe noch etwas zu erledigen.

Beziehungsebene

Während du immer nur an dein Vergnügen denkst, arbeite ich!

Appellebene

Hilf mir doch, dann könnte ich noch mitkommen.
Lass mich in Ruhe, ich möchte heute nicht.

Selbstoffenbarungsebene

Wie du siehst, bin ich gerade total im Stress.

Ganz ehrlich: Was hätten Sie gehört?

Den Sachverhalt?
Den Appell?
Die Beziehungskonstellation?
Die Selbstoffenbarung?
Haben Sie eine Lieblingsart zu hören?
Welche Art zu hören ist Ihnen besonders fremd?

Konflikte durch unterschiedliche Hör- und Sprachebenen

Jetzt pauschalisiere ich mal wieder ein bisschen: Es sind oft die Männer, die große Übung darin haben, sachlich zu hören. Na ja, wenn es so gemeint ist, ist es ja gut. Aber wenn nicht?

Frauen haben schon öfter ein Appellohr. Vor allem die Mütter. Mir fallen in diesem Zusammenhang immer die Tischszenen ein, in denen ich zuviel renne:

Der Satz »Die Butter ist alle!« muss nicht schon die

Aufforderung beinhalten, zum Kühlschrank zu rennen. Was würde geschehen, wenn die Antwort darauf ein sachliches: »Ja, das sehe ich!« wäre?

Ein Beziehungsohr haben auch eher wir Frauen. Weil wir uns einfach gerne über Beziehungen definieren. Und das Selbstoffenbarungsohr? Da fällt mir vor allem eine Berufsgruppe ein: die Psychologen, die Analytiker, die Therapeuten.

Wo eine auf der gleichen Ebene spricht, wie die andere hört, können keine Missverständnisse entstehen. In unserem Beispiel könnten unmissverständliche Wortwechsel in den entsprechenden Ebenen etwa so aussehen:

Sachebene

Ich habe noch etwas zu erledigen! – O. k., ich gehe dann alleine.

Beziehungsebene

Während du immer nur an dein Vergnügen denkst, schmeiße ich hier den Haushalt!

Jetzt mal ehrlich: Findest du mich faul?

Appellebene

Wenn du mir schnell helfen würdest, könnte ich vielleicht sogar mit! – Du, ich helf dir gerne!

Selbstoffenbarungsebene

Immer hab ich Arbeit! – Puh, auf dir lastet eine ganze Menge!

Missverständnisse entstehen, wenn die Sprechende eine andere Ebene benutzt als die Hörende. Und das passiert täglich. Viele Male. Denn wir können in eine andere Person nicht hineinschauen.

Stellen Sie sich vor, dass Sabine, wenn sie sagt: »Ich habe noch zu tun«, einfach nur ausdrücken möchte: »Ich kann jetzt nicht mitkommen, weil ich mit meiner

Arbeit noch nicht fertig bin.« Karina fühlt in diesem Moment ein schon älteres Gefühl von Unterlegenheit Sabine gegenüber aufsteigen. Vielleicht war Sabine einfach immer schon viel gewissenhafter. Sie antwortet ärgerlich: »Jetzt mal ehrlich: Hältst du mich für faul? Bloß weil ich bummeln gehen will?«

Wo liegt die Störung? Sabine redet auf der Sachebene – hat sich also nichts Böses bei all dem gedacht. Karina hört aber auf der Beziehungsebene. Die Folge ist: Sabine versteht die Welt nicht mehr. Sie fragt sich: Wie kommt Karina nur zu einer derartigen Anklage. Ihre Antwort könnte jetzt heißen: »Du, das habe ich nie gesagt!«

Ebenfalls schwierig wäre ein Wortwechsel, bei dem Sabine sich wünscht, dass Karina ihr hilft – diese zwar einfühlsam antwortet: »Puh, du hast wirklich eine Menge zu tun!«, um dann aber doch alleine in die Stadt zu fahren.

Störungen, die durch ein Reden und Hören auf verschiedenen Ebenen entstehen, können nicht behoben werden, indem man sagt: Der eine hat Recht, der andere Unrecht. Auch hier geht es nicht um richtig oder falsch, nicht um Sieger und Besiegte. Diesen Kampf aufrechtzuerhalten wäre ein Kampf ohne Ende. Leider gibt es diese Art von Kämpfen in vielen Familien. Über Jahre hinweg können Menschen miteinander reden und sich nicht verstehen. Und immer wieder an den gleichen Dingen scheitern. Weil die Ebenen nicht stimmen.

Ein Konflikt, der auf unterschiedlichen Sprach- und Hörebenen beruht, kann nicht grundsätzlich vermieden werden. Jeder hat eben seine Art zu reden und jeder hat seine Art zu hören. Was wir lernen können, ist also nicht das Vermeiden dieser Störungen, sondern den richtigen Umgang damit!

Lösung durch Unterbrechung

Sobald man spürt, dass etwas nicht stimmt, ist es ganz wichtig, das Gespräch zu unterbrechen. Sabine selbst ist die einzige, die (hoffentlich!) weiß, wie sie ihre Aussage gemeint hat. Vielleicht merkt sie an Karinas Antwort, dass ihre Botschaft wohl irgendwie anders angekommen ist. Es ist ihre Aufgabe, die Sachebene zu verlassen, um nach Karinas Gefühlen zu fragen: »Sag mal, was ist los mit dir? Habe ich dich verärgert?«

Eine solche Unterbrechung kann eine große Entlastung sein. Indem eine beginnt, sich auf die Ebene der anderen zu stellen, wird das Problem da zur Sprache gebracht, wo es hingehört. Karina fällt es jetzt leichter, zu sagen: »Immer, wenn du so viel arbeitest, habe ich den Eindruck, du willst mir beweisen, um wie viel fleißiger du bist als ich. Ich komme mir neben dir oft so faul vor!« Es ist gut, wenn Sabine jetzt nicht gleich beschwichtigt, sondern überlegt, ob an Karinas Eindruck vielleicht sogar etwas dran ist. Häufig versachlichen Menschen, die Schwierigkeiten in einer Beziehung haben, ihr Problem. Es kann ja tatsächlich sein, dass Sabine, die mit ihren drei Kindern wirklich alle Hände voll zu tun hat, manchmal neidisch auf Karina ist, die bei ihren zwei Kindern noch eine Putzfrau hat und deren Mann sogar noch mehr verdient. Anstatt das Eigentliche anzusprechen und zuzugeben, bleibt sie auf der Sachebene stehen – wirkt dabei aber immer sehr kurz angebunden.

Warum dieses Muster so ist? Vermutlich hat das mit mangelnder Konfliktfähigkeit zu tun. Gerade in diesen Momenten wird das Eingestehen der Unterschiedlichkeit schmerzhaft deutlich.

Es fällt eben leichter, mit Sabine zu sagen: »Ich muss noch arbeiten«, als sich einzugestehen, dass man neidisch ist – sich vielleicht mehr Freiraum wünscht, als es gerade möglich ist.

Ganz klar – Sabines Antwort ist keine echte Lösung. Gerade in lange bestehenden Beziehungen funktioniert das Verstecken der eigentlichen Gefühle nur eine gewisse Zeit. Die daraus entstehende, sich meist mit jedem Streit steigernde emotionale Dynamik macht es den Betroffenen fast unmöglich, sich ohne Hilfe an eine Klärung zu wagen. Irgendwann kann das, was uns unsere Phantasie über die Absichten des anderen sagt, zu übermächtig werden. Der Zeitpunkt, wo es dann »richtig knallt« ist vorprogrammiert.

Und dann? Wie können handfeste, emotionale Konflikte gelöst werden? Ist da nicht bereits »das Kind in den Brunnen gefallen«? Reichen an dieser Stelle Gespräche aus?

Umgang mit Zorn, Ärger und Aggression

Abstand gewinnen

Die Tür knallte zu. Jan drehte den Kopf nicht einmal mehr um. Mit schnellen Schritten und heftigen Bewegungen entfernte er sich vom Haus, den Kopf voller Wut. Es war ein schöner Sommertag, aber Jan nahm die Wärme nicht wahr. Nur einfach abhauen – nie mehr nach Hause kommen. Er lief kilometerweit an Wiesen und Äckern vorbei, auf denen das Korn in voller Höhe stand. Tief über ihm sang eine Lerche. Irgendwann spürte er nur noch Erschöpfung. Er legte sich ins Gras. Wie lange er gelegen hatte, wusste er später nicht mehr.

Nur das eine vergaß er nicht: Wie er sich mehr und mehr beruhigte, wie seine Wut in dieser schönen Umgebung immer kleiner wurde, bis ihm die Ursache seines Ärgers irgendwann fast lächerlich erschien. Es schien ihm auf einmal etwas Kleines, wieder aufzustehen und den Weg zurück zu wagen – zurück zu den Menschen, die ihn so verletzt hatten.

Wenn ein Mensch sehr wütend ist, ist er kaum in der Lage, zu differenzieren. Die Wut überdeckt alle anderen Empfindungen. Wut ist nämlich die Empfindung, die am schlechtesten unter Kontrolle zu bringen ist. Sie hat – im Gegensatz zur Traurigkeit – ein Übermaß an Energie in sich. Im Nachhinein ist man oft erschrocken, welche unkontrollierte Energie man dabei an sich wahrgenommen hat.

Es ist wichtig, sich dann für eine gewisse Zeit erst einmal zurückzuziehen. Um Abstand zu gewinnen. Dazu muss nicht unbedingt das Haus verlassen werden. Auch eine Zeit allein im Zimmer zu verbringen ist schon sinnvoll. Körperliche Bewegung halte ich in einer Wutsituation allerdings für noch hilfreicher, weil schon durch die Bewegung beim Laufen auch innerlich einiges in Bewegung geraten kann. Der Blickwinkel verändert sich schneller. Entscheidend ist aber das Gespräch mit sich selber, bevor wieder gemeinsam geredet werden kann.

Wieder drängt sich eine Frage auf: Was geschieht nach einem gemeinsamen Gespräch? Bleibt nicht doch alles wie vorher? Jeder entschuldigt sich – im besten Fall, um morgen genauso weiterzumachen?

Ich hoffe nicht. Ich möchte Ihnen im Folgenden einfach ein paar ganz verschiedene Möglichkeiten nennen, mit schwierigen Situationen nach einer Phase des Abstand-Gewinnens umzugehen.

Die Ernsthaftigkeit des Konfliktes einschätzen
Es ist ja tatsächlich möglich, dass ich zu dem Ergebnis komme, dass es die Sache nicht wert ist, darüber weiter zu verhandeln.

Ob ich einen Konflikt auf sich beruhen lasse oder ob ich ihn angehe, ist abhängig von der Schwere des Konfliktes. Stellen Sie sich deshalb auch die Frage, ob es sich lohnt, miteinander einen Konflikt auszutragen. Es muss nicht alles Unterschiedliche zwischen Menschen restlos geklärt werden. Sie können entscheiden, was Sie gerne »ertragen« möchten und wo bei Ihnen die Grenze ist.

Manche Dinge sind unbedeutend, andere haben ein stärkeres Gewicht. Wenn ich auf unbedeutende Dinge genauso ernsthaft reagiere wie auf entscheidende, ist das kein konstruktiver Umgang mit Ärger. – Wobei sich natürlich bei einer Überreaktion auf geringe Anlässe immer auch die Frage stellt, ob der eigentliche Grund meines Ärgers ein anderer ist (Lena und Martina!).

Den Konflikt aushalten
Weiterhin ist es von großer Wichtigkeit, einzuschätzen, welche Schritte die betroffenen »Streithähne« in der Lage sind, zu gehen. Natürlich schwebt jedem eine ideale, sympathische Lösung vor – aber was nutzt der Gedanke eines wirklich verlockenden Weges, wenn der andere ihn nicht mitgehen will? Nicht mal schrittweise? Weil er an seinen konkreten Vorstellungen tatsächlich hängen bleibt? Und sie dann auch durchdrückt!

Möglicherweise komme auch ich an meine Grenzen. Ich merke: Ich kann einfach noch nicht von meinen Vorstellungen abgehen. Ich möchte es vielleicht, aber noch sind meine Emotionen stärker. Sie holen mich immer wieder ein.

Hier ist viel Geduld auch mit sich selber notwendig. Es kann sehr bedrücken, immer wieder zu versagen und das Gefühl zu haben, auf der Stelle zu treten. Gut ist dann, sich bewusst zu machen, dass jeder Tag für mich ein Tag des Neuanfangs sein darf. Ich muss mich nicht auf mein Versagen festlegen. Es ist hilfreich, sich im Bewusstsein der eigenen Grenzen Hilfe von außen zu holen.

Auf meine Lösung verzichten

Auf die eigene Lösung zu verzichten und von meinem Gesprächspartner kein Entgegenkommen mehr zu erwarten ist ein schwerer Weg, und doch kann auch dies das Ergebnis eines Streites sein. Nicht immer habe ich optimale Möglichkeiten. Es ist gut, in so schwierigen Konflikten jeweils abzuwägen, ob ich die Beziehung erhalten möchte oder ob ich meine Interessen wahrnehmen will. In der Regel bedeutet das Wahrnehmen eigener Interessen in einer solchen Situation gleichzeitig Trennung von meinem Konfliktpartner.

Wichtig ist, dass ich das, was ich tue oder nicht tue, als einen bewussten Entschluss von mir erlebe. Es gibt auch den Entschluss, eine Sache auf sich beruhen zu lassen! Gary Chapman schreibt dazu in seinem Buch: Die andere Seite der Liebe (S. 41), wie ein solcher Entschluss möglicherweise aussehen kann:

Ein Sohn schreibt über seine Eltern:

Ich werde nie die tiefe Beziehung zu meinen Eltern haben, die ich mir wünsche, doch sie jetzt mit der Sache zu konfrontieren, wäre eher destruktiv. Deshalb gebe ich meinen Zorn und meine Verletzungen an Gott ab

– in dem Bewusstsein, dass er mich bedingungslos liebt, in dem Wissen, dass er sowohl ein gerechter als auch ein gnädiger Gott ist und das tun wird, was für meine Eltern richtig ist.

Nicht der konkrete Lösungsansatz ist das Wichtigste. Das Entscheidende ist meine Haltung, die ich bei der jeweils für mich gewonnenen Lösung einnehme.

Es darf nicht das Gefühl zurückbleiben, zu kurz gekommen zu sein. Wenn sich dieses Gefühl z. B. bei einem Verzicht auf mein Recht einstellen sollte, habe ich mich überfordert. Ich sollte mir damit soviel Zeit lassen, wie ich brauche. Wenn ich wirklich auf mein Recht verzichte, dann sollte ich auch tatsächlich loslassen. Die Bibel nennt diesen Vorgang Vergebung und er ist einer der zentralen Botschaften der christlichen Verkündigung. Vergebung wäre falsch verstanden, wenn man sie »nur« auf den Zustand des Nachgebens reduzieren würde. Vergebung ist ein sehr aktives Geschehen. Ein Mensch, der bereit wird, anderen zu vergeben, lässt die Menschen, die ihm wehgetan haben los. Dabei ereignet sich – auch wenn sich die Situation nach außen hin scheinbar nicht ändert – eine ganze Menge. Indem der Vergebende loslässt, hat er teil an einem Befreiungsakt, der ihn selber verändern wird. Er wird frei für die Gegenwart und die Zukunft.

An dieser Stelle möchte ich keine Vertröstung auf die ausgleichende Gerechtigkeit Gottes anfügen. Auch wenn ich ganz fest daran glaube. Ich bin der Meinung, dies kann man nur ganz behutsam in einer konkreten seelsorgerlichen Situation tun. Nicht einfach so. Aber ich möchte hinweisen auf die Tendenz Jesu, in seinen Reden und Gleichnissen immer wieder genau das umzukehren, was wir für wichtig halten. Es ist in sehr ungleichgewichtigen Konfliktsituationen letztendlich gar nicht so klar, wer hier der Gewinner und wer der Verlierer ist, wie es auf den ersten Blick scheint. Menschen, die vergeben können, gewinnen immer. Jesus sieht das Leben mit anderen Augen. Ich erinnere an das Gleichnis vom Abendmahl: »Die Ersten werden die Letzten sein und die Letzten werden die Ersten sein.« Ob dieser Satz nicht auch bei manchen Konflikten gilt?

Still sein

Ein Vorwurf, den sich viele Menschen machen, wenn der Zorn verraucht ist, heißt: »Warum habe ich nicht einfach geschwiegen?« Schweigen erscheint auf den ersten Blick eine elegante Lösung zu sein, einen Konflikt zu umgehen. Und eine gängige dazu. Einer der schweigt, hat eine weiße Weste. Ihm kann man nichts vorwerfen.

Stimmt das wirklich?

Ich möchte es nicht beschönigen, denn es stimmt ja: Streit, Ärger und Wut lassen sich nicht einfach rückgängig machen. Sie hinterlassen Verletzungen, die sehr tief sein können. Was in wenigen Minuten zerschlagen werden kann, braucht manchmal ein ganzes Leben, um wieder heil zu werden – wenn es überhaupt noch gelingt.

Aber es gibt auch das andere, das, worüber ich eigentlich reden möchte: Dass ein Streit klärend wirkt wie ein Gewitter nach einem schwülen Sommertag. So sehr, dass Menschen im Nachhinein geradezu dankbar für dieses sprachliche »Unwetter« sind.

Es gibt Situationen, in denen Schweigen und Zurückhaltung gefährlicher sind als das Zulassen von Wut und Aggression. Denn mein Schweigen kann mir ein Gefühl von Stärke und Selbstgerechtigkeit geben und damit verhindern, dass ich auch zu meinen eigenen Schuldanteilen stehe.

Auch Menschen, die nicht aus der Haut fahren, empfinden Zorn. Sie haben nur vielleicht stärkere Verdrängungsmechanismen. Wenn der Zorn, der anderen gilt, nicht wahrgenommen wird, kann er sich z. B. auf sich selber richten. Was möglicherweise Depressionen oder psychosomatische Krankheiten zur Folge haben kann.

Zorn verschwindet nicht, wenn ich ihn mir verbiete. Zorn ist ein Gefühl und Gefühle sind nun einmal da. Ob ich das will oder nicht. Ich kann mir ja auch nicht verbieten, fröhlich oder traurig zu sein. Ich kann aber lernen, mit negativen Gefühlen umzugehen; schon wenn ich sage: »Ich habe Zorn!«, ist dies ein erster Schritt, ihn beherrschen zu lernen. Auch wenn für manche Menschen dieses so wichtige Zugeständnis erst mal wie eine Niederlage erscheint. Zorn zu haben ist etwas ganz anderes, als sich vom Zorn überfallen zu lassen. Was ich habe, habe ich auch eher im Griff. Was ich verleugne, wird mich überfallen – vielleicht dann, wenn ich gar nicht damit rechne.

Zorn hat seine Wurzeln in unserem Gerechtigkeitsempfinden. Da, wo wir uns ungerecht behandelt fühlen, werden wir zornig. Er dient damit ursprünglich unserer Selbsterhaltung. Leider ist aber unser Empfinden für Gerechtigkeit nicht immer in Ordnung. Sodass unser Zorn sehr unangemessen sein kann.

Der Gedanke, ungerecht behandelt worden zu sein, kann eine Rolle spielen, wenn wir Folgendes spüren:

- Angst, zu kurz zu kommen
- Neid
- Schmerz

- Traurigkeit über die eigene Unzulänglichkeit
- das Gefühl, ausgenutzt zu werden
- Überforderung
- Einsamkeit
- der Wunsch, sich in einem bestimmten Gebiet zu entfalten, aber keine Möglichkeiten zu sehen, es zu tun
- der Wunsch, Recht zu bekommen

Oft ist dies die eigentliche Ursache unseres Zornes. Wer seinen Zorn nicht wahrnehmen will, wird auch dies nicht sehen können. Menschen, die gelernt haben, dass ihre Wut den Sinn hat, diese oft sehr berechtigten Gefühle sichtbar zu machen, werden menschlicher und barmherziger. Wer sich zugesteht, dass er Bedürfnisse und Wünsche hat, schwach, überfordert und sensibel sein darf, braucht irgendwann nicht mehr den Ausraster, um sich vor Überforderung zu schützen. Er wird achtsamer sich selbst gegenüber.

Um an dieser Stelle Missverständnisse hoffentlich zu vermeiden, möchte ich noch etwas hinzufügen:

Wut und Aggressionen haben eine Grenze. Da nämlich, wo Wut sinnlos als Ventil an Schwächeren ausgelassen wird. Möglicherweise an Menschen, die sich nicht wehren können, oder die gar nicht die eigentlichen Adressaten der Wut sind. Überall, wo aus Wut Gewalt wird und wo keine Bereitschaft zu erkennen ist, die Wut als Motor für Veränderung zu nutzen, ist sie durch nichts zu entschuldigen.

Gewinnen

Ich habe es schon in einem anderen Zusammenhang gesagt: Schwierig sind Lösungen immer, wenn sie Gewinner und Verlierer produzieren. Ein »Sieg« nach einem Streit ist kein echter Sieg. Wo jemand verliert, schwelt in der Regel der Konflikt unter der Oberfläche weiter – um bei nächster Gelegenheit wieder hervorzubrechen. Und dann wird der Verlierer alles dran setzen, diesmal aber zu gewinnen. Jeder Sieg macht insofern einsam. Das, was eigentlich angestrebt wird – nämlich Versöhnung – wird so nie eintreten. Sieger stehen vielleicht wirklich an der Spitze. Aber dort ist nur Platz für einen. Der Preis eines Sieges ist die Einsamkeit und der Tod der Beziehung.

Kompromisse
Sie werden häufig als *die* Lösung bei Konflikten genannt. Aber die Redewendung »faule Kompromisse« kommt nicht von ungefähr:

Lisa und Sarah haben sich zum Eisessen beim Italiener verabredet. Sarah will schon um 14 Uhr los, Lisa hingegen möchte vorher noch eine Ausstellung besuchen, kann also erst um 17 Uhr. Gut, sie verspricht, sich zu beeilen und ca. 15.30 Uhr anzupeilen. Geht auch nicht anders, denn Sarah hat wiederum um 18 Uhr einen Termin ihrer Musikgruppe. Lisa kommt etwas zu spät abgehetzt zum vereinbarten Treffpunkt (von der Ausstellung hat sie gerade mal die Hälfte aller Bilder gesehen) und das Eisessen wird zu einer einzigen Hetzerei. Keine Spur von Gemütlichkeit.

Alternativen
Eine ganz andere Lösung kann sich ergeben, wenn die Konfliktpartner statt Kompromissen Alternativen suchen. Dazu ist es aber notwendig, dass die Wünsche, die der konkreten Situation übergeordnet sind, bekannt sind. Wichtig ist also, dass jeder weiß, welches Ziel er mit seinem Vorschlag verfolgt, und sich nicht in De-

tailfragen verfängt. Vielleicht war das Ziel von Lisa gar nicht, um jeden Preis an diesem Tag Eisessen zu gehen. Der Wunsch, dies einmal ohne Zeitdruck zu tun, war dem vielmehr übergeordnet.

Und Sarah? Ob ihr am Ende mehr am Reden mit Lisa lag, als am Eisessen? Das hätte sie – Lisas Einverständnis vorausgesetzt – auch noch nach dem Üben mit der Musikgruppe und – nachdem die Eisdiele geschlossen hatte – bei einem Besuch tun können.

Konfliktberatung

Wenn zwei Konfliktpartner besonders verbohrt sind, wenn eine Annäherung nahezu ausgeschlossen scheint, wird Hilfe durch eine kompetente Beratung notwendig. Schon allein der Wille, dass zwei Menschen oder auch Gruppen dies in Anspruch nehmen wollen, zeigt eine gewisse Veränderungsbereitschaft. Und dies ist der erste Schritt, der aufeinander zu gemacht wird.

Ein guter Berater wird konsequent darauf achten, dass die Betroffenen ihre verletzten Gefühle ehrlich benennen und klären. Er wird die Zuhörfähigkeit der Zerstrittenenen fördern, indem er dazu auffordert, das, was die andere Gruppe oder der Partner gesagt hat, zu wiederholen. Durch eigene Rückfragen und gezieltes Unterbrechen wird er deutlich machen, welche unterschiedlichen Kommunikationsebenen im Streit benutzt wurden.

- *Jeder erhält genug Zeit, um sich, ohne unterbrochen zu werden, zu äußern.*
- *Verallgemeinerungen wie »immer« oder »nie« sind nicht erlaubt.*
- *Angriffe oder Schuldzuweisungen werden vermieden.*
- *Eigene, subjektive Gefühle dürfen genannt werden: »Ich habe das so empfunden, als ob ...«*

Eine gute Hilfe kann auch ein Rollentausch sein, d. h. jeder bekommt die Position des anderen zugeordnet, um sie so überzeugend wie möglich darzustellen.

Manche Streitende sehen sich nicht an, wenn sie reden. Das mag auf den ersten Blick seltsam klingen, kann aber helfen, sich nicht emotional ablenken zu lassen, wenn der andere vielleicht durch seine Gesichtsmimik verurteilend, gelangweilt oder verständnislos wirkt.

Ganz wichtig ist auch die Erkenntnis, dass es meinem Partner in den seltensten Fällen vorrangig darum geht, mich zu schädigen. Diese Haltung ist unerlässlich für eine faire Auseinandersetzung. Ziel für beide Streitende ist ja eigentlich nur, das in den Augen des jeweiligen Streitenden beste und logischste Ergebnis zu erreichen.

Der Berater wird in schweren Konflikten immer darauf hinarbeiten, Polaritäten aufzubrechen, um Kreativität für neue Lösungen, für dritte Wege zu entwickeln. Dies verhindert Verliererpositionen und macht den Weg zu einem partnerschaftlichen Miteinander frei.

Oft erleben Menschen nach solchen Gesprächen, dass der Grund, warum sie am anderen schuldig wurden, auch damit zusammenhing, dass sie sich selber Ehrlichkeit schuldig geblieben sind. Die Unfähigkeit, einen anderen zu respektieren und zu achten, kommt ja daher, dass man dies bei sich selber auch nicht kann. Wer sich selber wertschätzen gelernt hat, dem wird dies auch bei anderen leichter fallen. In der Regel muss deshalb nicht nur von einer Schuld am anderen, sondern auch von einer Schuld oder doch zumindest von einer Vernachlässigung an sich selber gesprochen werden.

So kann der Konflikt, der sich zunächst ausschließlich auf den anderen fixierte, eine ganz neue Wendung erfahren, indem sich der Blick auf sich selber richtet. Vieles, was sich zunächst als zwischenmenschlicher Konflikt darstellt, ist begründet in einem Konflikt sich selbst gegenüber, den man (unbewusst) abwehren wollte, indem der andere als »schwierig« abgestempelt wird.

Insofern bringt jede gelungene Konfliktberatung nicht nur Klärung zwischen zwei Menschen, sondern auch sich selbst gegenüber.

Suchen nach übergeordneten Zielen
Wer sich selbst, also auch die eigenen übergeordneten Bedürfnisse und Lebensziele kennt, wird ebenfalls in der Lage sein, eine gute Lösung zu finden, auch wenn sich das konkrete Ziel nicht durchsetzen lässt.

Ja, und hier sind noch mal Martin und Susanne gefragt. (Beispiel S. 37) Hat Susannes übergeordnetes Bedürfnis nach Wissen, nach Bildung denn wirklich mit ihrer Tochter zu tun? Wird sie dieses Defizit stillen, indem Janina den Weg, der ihr verwehrt war, gehen soll? Schafft sie am Ende, indem sie ihr Problem auf diese Weise lösen will, nicht sofort ein neues? Was, wenn Janina die Schule nur als Druck erlebt?

Martina kann sich ihrem Defizit auf verschiedene Weise stellen:

Zunächst, indem sie dem Schmerz standhält, das, was sie wollte, nicht bekommen zu haben. Trauer ist erlaubt und oft notwendig.

Weiterhin kann sie sich fragen, welche Möglichkeiten der Fortbildung für sie selber bestehen. Auch als Mutter kann man nochmals die Schulbank drücken!

Ja, und dann könnte sie aus der eigenen Erfahrung des Mangels lernen, nicht auf die gleiche Weise über ihre Tochter zu verfügen, wie es ihre Eltern bei ihr taten. Stattdessen könnte sie beginnen, Janina deutlich in diesen Entscheidungsprozess mit einzubeziehen, sie nach ihrem Willen fragen, ihre Lernbereitschaft beobachten etc.

Ich habe es schon einmal geschrieben: Es gibt nicht die Lösung. Mir selber ist das Suchen nach Alternativen und nach kreativen dritten Wegen am sympathischsten. Aber diese Lösungen brauchen sehr viel Zeit, manchmal auch mehr Geld und viel Bereitschaft zum gegenseitigen »Brückenbauen«.

Neue Konflikte durch Konfliktbeseitigung

Und was passiert, wenn sich der Konflikt nun tatsächlich aus der Welt schaffen lässt?

Ist dann alles in Ordnung?

Es gibt Situationen, in denen die Beseitigung eines Konfliktes neue, schwierigere Konflikte schafft. Ich meine jetzt nicht Schwierigkeiten, die normal sind bei Verhaltensänderungen, sondern wirkliche Konflikte.

In einer solchen Situation wird deutlich, dass es eine Menge Konflikte gibt, deren Erhaltung einen scheinbaren Gewinn in sich tragen. Meistens sind dies auch Konflikte, die sehr schwer aufgegeben werden. Aus gutem Grund.

Ein Beispiel dazu:

Herr Keiner ist ein richtiger Karrieremensch. Er arbeitet in der Regel bis spät in den Abend hinein. Seine Frau nimmt dies meistens hin, aber so ungefähr alle zwei Wochen kommt es doch zum Streit. Sie überschüttet ihn mit Vorwürfen, dass er sie vernachlässige, sie alles allein tun müsse etc. Herr Keiner liebt seine Frau. Und in solchen Situationen ist er sehr betroffen. Die halbe Nacht redet er mit ihr und die nächsten zwei Tage ist er ganz früh zu Hause.

Ohne diesen Streit wäre die Beziehung vielleicht erst recht gefährdet. Dies wird deutlich, als Frau Keiner beginnt, sich zunehmend selber verantwortlich für ihr Leben zu fühlen. Sie wird viel zufriedener, was sich darin äußert, dass sie weniger jammert. Eigentlich positiv. Nur: Das Ehegespräch wird seltener, denn Herr Keiner hat nun keinen konkreten Anlass mehr, sich seiner Frau zuzuwenden.

Deutlich wird daraus, dass der zunächst vordergründige Konflikt, nämlich die Ausraster von Frau Keiner, nicht der wirkliche Konflikt waren. Im Grunde wirkten diese Ausraster sogar beziehungserhaltend. Der eigentliche Konflikt bestand darin, dass beide Partner keine angemessenen Wege wussten, wie Partnerschaft erhalten und gepflegt werden kann.

Haben Sie den Mut, Ihre Konflikte mal daraufhin anzuschauen? Was wäre, wenn es diesen Konflikt nicht mehr gäbe?

Könnten Sie mit der veränderten Situation umgehen?

Schlussgedanken

Ich möchte Sie nun – fast am Ende meiner Ausführungen – zu einem kleinen Spaziergang einladen, den ich einmal in meinem Urlaub gemacht habe. Gehen Sie gedanklich einmal mit mir in diese neu angelegte Wohnsiedlung.

Eines der ersten Häuser ist mit einer großen und breiten Mauer umgeben. Es ist unmöglich, den Garten einzusehen. Die Mauer verdeckt alles. Das Haus ist wertvoll und hat eine beeindruckende Architektur. Aber es ist nach Norden ausgerichtet – die Sonne ist kaum in den Wohnräumen zu finden. Noch dazu sind die Fenster durch dicke Vorhänge verhängt. Kein Blick kann von außen nach innen dringen.

Das nächste Haus macht einen ganz anderen Eindruck: Es ist etwas kleiner, mit einem roten Dach und einer Bank im Vorgarten. Die Bank ist blau angestrichen, daneben steht ein Apfelbaum, in dem eine Schaukel hängt. Die Fenster sind weit geöffnet, sodass sich der Wind darin fängt. Drinnen hört man leise Klaviermusik. Auch dieses Haus ist mit einer Mauer zum Nachbargrundstück abgetrennt. Es ist eine lockere Bruchsteinmauer, in der verschiedene Steingartenpflanzen wachsen. Hin und wieder sieht man eine Eidechse über die sonnenwarmen Steine huschen.

Sie gehen weiter, und sehen ein drittes Haus.

Es scheint noch nicht ganz fertig zu sein. Die Fenster fehlen noch – an der Stelle, wo einmal die Haustüre hin soll, sind notdürftig ein paar Bretter angenagelt. Vom letzten Regen steht das Wasser noch in Pfützen im Erdgeschoss. Von einem Zaun ist noch keine Spur zu sehen. Ob es ein schönes Haus wird? Bis dahin ist noch viel Arbeit nötig.

Hier endet unser Spaziergang. Vielleicht finden Sie sich – auch in Ihrem Gesprächsverhalten – in einem dieser Häuser symbolisch wieder. Ein etwas ungewöhnlicher Vergleich. Aber, wie ich finde, aussagekräftig.

Wichtig ist mir die Vorstellung, mit meinem inneren »Haus« einen Ort der Geborgenheit und des Schutzes zu haben. Einen Ort, an dem ich ganz echt sein kann, einen Ort, an dem ich mir nichts vorzumachen brauche.

Wo Menschen bei sich selbst »zu Hause« sein können, haben sie in der Regel gute Voraussetzungen, sich auch einmal woanders zum »Besuch« einzuladen, oder auch selber »Besuch« zu bekommen.

Es gibt Menschen, die im Gespräch »alle Fenster öffnen« und selbst die Haustüre vergessen zuzumachen. Ein »Windstoß« genügt schon, um ihre wertvollen Gegenstände in den Wohnräumen umzustoßen. Alles trifft diese Menschen. Sie können sich nicht abgrenzen. Sie leben fast wie auf der zugigen Baustelle, dem letzten Haus unseres Spazierganges.

Ein sehr auf sich bezogener Mensch hingegen gleicht dem ersten Haus. Ihn interessiert die Welt nicht, die sich vor seiner Mauer abspielt. Er macht schon dicht, bevor jemand nur einen Blick nach innen werfen kann. Er ist doppelt und dreifach geschützt – aber im Haus riecht es so muffig, dass die wenigen Gäste, die sich hereinwagen, schon bald den Heimweg antreten.

Das zweite Haus – mir gefällt es zweifellos. Ich wünsche mir für den Besitzer, dass ihm das gelingt: Die richtige Balance zwischen drinnen und draußen zu finden. Nicht immer müssen die Fenster so weit geöffnet sein wie an diesem schönen Frühlingsmorgen. Der Besitzer kann entscheiden, ob er sich nach drinnen verziehen will oder ob er lieber draußen auf der Bank mit den Vorübergehenden sprechen will. Und – wenn ihm trotzdem die Decke auf den Kopf fällt, dann kann er das Haus für einige Zeit auch einmal ganz verlassen. Aber er kommt immer wieder gerne zurück – angefüllt mit neuen Ideen – sodass sich sein Haus im Laufe der Zeit verändert. Zu dem Altvertrauten finden Besucher immer etwas Neues und Überraschendes.

Menschen, die einem solchen Haus ähneln, haben gute Voraussetzungen, auch gelingende und hilfreiche Gespräche zu führen.

Wir brauchen nicht immer für alles offen zu sein. Genauso wenig, wie wir uns total dicht machen müssen. Gott hat unser »Seelenhaus« mit Türen und Fenstern ausgestattet. Es liegt an uns, ein gutes Gespür dafür zu entwickeln, was zur Zeit bei uns dran ist. So hoffe ich auch, Sie nehmen aus dem, was Sie jetzt alles gelesen haben, ebenfalls nur das heraus, was für Sie von Bedeutung ist. Wir müssen uns nicht verzetteln, indem wir uns mit allem auseinandersetzen. Wichtiger ist der Mut zu kleinen, aber beständigen Schritten.

Allerdings führt die Angst, einmal so muffig und verknöchert zu werden wie unser erster Hausbesitzer, oft dazu, das eigene Haus zu vernachlässigen. Es nicht gut genug zu pflegen. Sich auf einen anderen ganz einlassen, darf nicht heißen, sich selber zu verlieren. Es kann zwar bedeuten, mein »Haus« einmal für eine Weile zu verlassen. Aber nicht um »heimatlos« zu werden, sondern um mit neuen Eindrücken und Ideen wieder zurückzukommen. Den »Weg zurück nach Hause« sollte ich daher immer kennen.

Vielleicht machen Sie an dieser Stelle wieder eine kleine Lesepause.

Kennen Sie auch das Gefühl, diesen Weg verloren zu haben?

Es sind oft sehr einfühlsame Menschen, die es lernen müssen, den »Nachhauseweg« zu sich selber immer wieder zu finden. Sie fühlen sich bei ihrem Gegenüber tatsächlich mehr zu Hause als bei sich selbst – was aber auf Dauer keinem zu Gute kommt.

Seien Sie ehrlich: Finden Sie es toll, immer Besuch zu haben? Mir wird das jedenfalls auf Dauer zu anstrengend. Irgendwann brauche ich wieder Raum für mich.

Dies ist eine reale Alltagserfahrung von mir – aber ich glaube, sie gilt auch im übertragenen Sinne.

Übrigens: Der Ort, wo Gott mir begegnen möchte, ist auch nicht der Ort, wo andere wohnen. Er will zu *mir* kommen und Wohnung bei mir machen. So steht es in der Bibel. Wenn dies nicht Grund genug ist, das innere Haus auch zu pflegen! Vielleicht hat manche Glaubenskrise, manche Verzweiflung darüber, Gott nicht zu hören, damit zu tun, dass ich viel zu wenig zu Hause bin – da, wo er auf mich wartet. Dass ich die Begegnung, das helfende Gespräch an der falschen Stelle suche. Während ich überall unterwegs bin, sitzt er bei mir und wartet, dass ich komme.

Werden Sie ehrlich auch in Ihrem Gespräch mit Gott. Hören Sie auf, eine Rolle zu spielen. Gott ist »konfliktfähig«. Er hält Sie aus! Er möchte mit Ihnen in einen guten und offenen Dialog treten.

Verwendete Literatur

Dieter Zimmer, So kommt der Mensch zur Sprache, Zürich 1988

Watzlavik, Beavin, Jackson, Menschliche Kommunikation, Bern 1996

Samy Molcho, Körpersprache, München 1998

Samy Molcho, Alles über Körpersprache, München 1998

Friedeman Schulz von Thun, Miteinander reden, Bd. 1–3, Reinbek 1981, 1989, 1999

Engl, Thurmaier, Wie redest du mit mir? Feiburg, 8. Aufl. 2001

Tannen, Deborah, Du kannst mich einfach nicht verstehen, Hamburg 1991

Gary Chapman, Die andere Seite der Liebe, Gießen, 2000

Gerhard Scheibel, Konflikte verstehen und lösen, Moers 1996

Mauritius Wilde, Ich verstehe dich nicht, Münsterschwarzach, 1994